오감도

국립중앙도서관 출판예정도서목록(CIP)

오감도 / 지은이: 이상. -- 양평군 : 시인생각, 2013
 p. ; cm. -- (한국대표명시선 100)

"이상 연보" 수록
ISBN 978-89-98047-69-6 03810 : ₩6000

한국시[韓國詩]

811.61-KDC5
895.713-DDC21   CIP2013012183

한 국 대 표
명 시 선
1 0 0

이 상

오감도

시인생각

■ 차 례 ──────────────── 오감도

1 오감도烏瞰圖

오감도烏瞰圖 —시제일호詩第一號　11

오감도烏瞰圖 —시제이호詩第二號　13

오감도烏瞰圖 —시제삼호詩第三號　14

오감도烏瞰圖 —시제구호詩第九號 총구銃口　15

오감도烏瞰圖 —시제십호詩第十號 나비　16

오감도烏瞰圖 —시제십일호詩第十一號　17

오감도烏瞰圖 —시제십이호詩第十二號　18

오감도烏瞰圖 —시제십삼호詩第十三號　19

오감도烏瞰圖 —시제십사호詩第十四號　20

오감도烏瞰圖 —시제십오호詩第十五號　21

한국대표명시선100 이 상

2 금제禁制

금제禁制　25
추구追求　26
침몰沈歿　27
절벽絶壁　28
백주白晝　29
문벌門閥　30
위치位置　31
매춘買春　32
생애生涯　33
내부內部　34
육친肉親　35
자상自像　36

3 역단易斷

화로火爐　39

아침　40

가정家庭　41

역단易斷　42

행로行路　43

꽃나무　44

이런 시詩　45

거울　46

지비紙碑　47

명경明鏡　48

무제無題　50

청령蜻蛉　51

4 삼차각설계도三次角設計圖

수염 —수鬚·자髭·
　그밖에수염일수있는것들·모두를이름　55

이상異常한 가역반응可逆反應　58

파편破片의 경치景致　60

▽의 유희遊戱
　—△은 나의 AMOUREUSE이다　62

공복空腹　64

삼차각설계도三次角設計圖
　—선線에 관關한 각서覺書 1　66

삼차각설계도三次角設計圖
　—선線에 관關한 각서覺書 2　69

삼차각설계도三次角設計圖
　—선線에 관關한 각서覺書 7　71

5 각혈의 아침

운동運動　77

얼굴　78

각혈咯血의 아침　80

회한悔恨의 장章　84

가구街衢의 추위　85

내과內科　86

육친肉親의 장章　87

아침　88

이 상 연보　89

1

오감도 烏瞰圖

시제일호詩第一號

13의아해兒孩가도로道路로질주疾走하오.
(길은막다른골목이적당適當하오.)

제第1의아해兒孩가무섭다고그리오.
제第2의아해兒孩도무섭다고그리오.
제第3의아해兒孩도무섭다고그리오.
제第4의아해兒孩도무섭다고그리오.
제第5의아해兒孩도무섭다고그리오.
제第6의아해兒孩도무섭다고그리오.
제第7의아해兒孩도무섭다고그리오.
제第8의아해兒孩도무섭다고그리오.
제第9의아해兒孩도무섭다고그리오.
제第10의아해兒孩도무섭다고그리오.

제第11의아해兒孩가무섭다고그리오.
제第12의아해兒孩도무섭다고그리오.
제第13의아해兒孩도무섭다고그리오.

13인人의아해兒孩는무서운아해兒孩와무서워하는아해兒孩와그렇게뿐이모였소.(다른사정事情은없는것이차라리나았소)

그중中에1인人의아해兒孩가무서운아해兒孩라도좋소.
그중中에2인人의아해兒孩가무서운아해兒孩라도좋소.
그중中에2인人의아해兒孩가무서워하는아해兒孩라도좋소.
그중中에1인人의아해兒孩가무서워하는아해兒孩라도좋소.

(길은뚫린골목이라도적당適當하오.)
13인의아해兒孩가도로道路로질주疾走하지아니하여도좋소.

시제이호詩第二號

　나의아버지가나의곁에서조을적에나는나의아버지가되고 또나는나의아버지의아버지가되고그런데도나의아버지는나 의아버지대로나의아버지인데어쩌자고나는자꾸나의아버지 의아버지의아버지의……아버지가되니나는왜나의아버지를 껑충뛰어넘어야하는지나는왜드디어나와나의아버지와나의 아버지의아버지와나의아버지의아버지의아버지노릇을한꺼 번에하면서살아야하는것이냐

시제삼호詩第三號

　싸움하는사람은즉싸움하지아니하던사람이고또싸움하는 사람은싸움하지아니하는사람이었기도하니까싸움하는사람 이싸움하는구경을하고싶거든싸움하지아니하던사람이싸움 하는것을구경하든지싸움하지아니하는사람이싸움하는구경 을하든지싸움하지아니하던사람이나싸움하지아니하는사람 이싸움하지아니하는것을구경하든지하였으면그만이다.

시제구호詩第九號 총구銃口

　매일每日같이열풍烈風이불더니드디어내허리에큼직한손이와닿는다.　황홀恍惚한지문指紋골짜기로내땀내가스며드자마자쏘아라.　쏘으리로다.　나는내소화기관消化器官에묵직한총신銃身을느끼고내다물은입에매끈매끈한총구銃口를느낀다. 그리더니나는총銃쏘으드키눈을감으며한방총탄銃彈대신에나는참나의입으로무엇을내어배앝었더냐.

시제십호詩第十號 나비

　찢어진벽지壁紙에죽어가는나비를본다. 그것은유계幽界에낙역絡繹되는비밀秘密한통화구通話口다. 어느날거울가운데의수염鬚髥에죽어가는나비를본다. 날개축처어진나비는입김에어리는가난한이슬을먹는다.　통화구通話口를손바닥으로꼭막으면서내가죽으면앉았다일어서드키나비도날라가리라. 이런말이결決코밖으로새어나가지는않게한다.

시제십일호詩第十一號

 그사기컵은내해골骸骨과흡사하다. 내가그컵을손으로꼭쥐었을때내팔에서는난데없는팔하나가접목接木처럼돋히더니그팔에달린손은그사기컵을번쩍들어마룻바닥에메어부딪는다.   내팔은그사기컵을사수死守하고있으니산산散散이깨어진것은그럼그사기컵과흡사한내해골骸骨이다. 가지났던팔은배암과같이내팔로기
 어들기전前에내팔이혹或움직였던들홍수洪水를막은백지白紙는찢어졌으리라. 그러나내팔은여전如前히그사기컵을사수死守한다.

시제십이호詩第十二號

　때묻은빨래조각이한뭉텅이공중空中으로날라떨어진다. 그
것은흰비둘기의떼다. 이손바닥만한한조각하늘저편에전쟁戰
爭이끝나고평화平和가왔다는선전宣傳이다.　한무더기비둘기
의떼가깃에묻은때를씻는다.　이손바닥만한하늘이편에방망
이로흰비둘기의떼를때려죽이는불결不潔한전쟁戰爭이시작始
作된다.　공기空氣에숯검정이가지저분하게묻으면흰비둘기의
떼는또한번이손바닥만한하늘저편으로날아간다.

시제십삼호詩第十三號

내팔이면도칼을든채로끊어져떨어졌다. 자세히보면무엇에 몹시위협威脅당하는것처럼새파랗다. 이렇게하여잃어버린내 두개팔을나는촉대燭臺세움으로내방안에장식裝飾하여놓았다. 팔은죽어서도오히려나에게겁怯을내이는것만같다. 나는이런 얇다란예의禮儀를화초분花草盆보다도사랑스레여긴다.

시제십사호 詩第十四號

 고성古城앞풀밭이있고풀밭위에나는내모자帽子를벗어놓았다. 성城위에서나는내기억記憶에꽤무거운돌을매어달아서는내힘과거리距離껏팔매질쳤다. 포물선抛物線을역행逆行하는역사歷史의슬픈울음소리. 문득성城밑내모자帽子곁에한사람의걸인乞人이장승과같이서있는것을내려다보았다. 걸인乞人은성城밑에서오히려내위에있다. 혹或은종합綜合된역사歷史의망령亡靈인가. 공중空中을향向하여놓인내모자帽子의깊이는절박切迫한하늘을부른다. 별안간걸인乞人은율률慄慄한풍채風彩를허리굽혀한개의돌을내모자帽子속에치뜨려넣는다. 나는벌써기절氣絶하였다. 심장心臟이두개골頭蓋骨속으로옮겨가는지도地圖가보인다. 싸늘한손이내이마에닿는다. 내이마에는싸늘한손자국이낙인烙印되어언제까지지어지지않았다.

시제십오호詩第十五號

1

나는거울없는실내室內에있다. 거울속의나는역시외출중外出中이다. 나는지금至今거울속의나를무서워하며떨고있다. 거울속의나는어디가서나를어떻게하려는음모陰謀를하는중中일까.

2

죄罪를품고식은침상寢床에서잤다. 확실確實한내꿈에나는결석缺席하였고 의족義足을담은군용장화軍用長靴가내꿈의백지白紙를더럽혀놓았다.

3

나는거울있는실내室內로몰래들어간다. 나를거울에서해방解放하려고. 그러나거울속의나는침울沈鬱한얼굴로동시同時에꼭들어온다. 거울속의나는내게미안未安한뜻을전傳한다. 내가그때문에영어囹圄되어있드키그도나때문에영어囹圄되어떨고 있다.

4

　내가결석缺席한나의꿈. 내위조僞造가등장登場하지않는내거울. 무능無能이라도좋은나의고독孤獨의갈망자渴望者다. 나는드디어거울속의나에게자살自殺을권유勸誘하기로결심決心하였다. 나는그에게시야視野도없는들창窓을가리키었다. 그들창窓은자살自殺만을위爲한들창窓이다. 그러나내가자살自殺하지아니하면그가자살自殺할수없음을그는내게가르친다. 거울속의나는불사조不死鳥에가깝다.

5

　내왼편가슴심장心臟의위치位置를방탄금속防彈金屬으로엄폐掩蔽하고나는거울속의내왼편가슴을겨누어권총拳銃을발사發射하였다. 탄환彈丸은그의왼편가슴을관통貫通하였으나그의심장心臟은바른편에있다.

6

　모형심장模型心臟에서붉은잉크가엎질러졌다. 내가지각遲刻한내꿈에서나는극형極刑을받았다. 내꿈을지배支配하는자者는내가아니다. 악수握手할수조차없는두사람을봉쇄封鎖한거대巨大한죄罪가있다.

2

금제禁制

금제禁制

　내가치던개[狗]는튼튼하대서모조리실험동물實驗動物로공양供養되고그중中에서비타민E를지닌개[狗]는학구學究의미급未及과생물生物다운질투嫉妬로해서박사博士에게흠씬얻어맞는다하고싶은말을개짖듯배앝아놓던세월歲月은숨었다. 의과대학醫科大學허전한마당에우뚝서서나는필사必死로금제禁制를앓는[患]다. 논문論文에출석出席한억울한촉루에는천고千古에는씨명氏名이없는법法이다.

추구追求

  안해를즐겁게할조건條件들이틈입闖入하지못하도록나는창호窓戶를닫고밤낮으로꿈자리가사나와서가위를눌린다어둠속에서무슨내음새의꼬리를체포逮捕하여단서端緖로내집내미답未踏의흔적痕跡을추구追求한다. 안해는외출外出에서돌아오면방房에들어서기전에세수洗手를한다. 닮아온여러벌표정表情을벗어버리는추행醜行이다. 나는드디어한조각독毒한비누를발견發見하고그것을내허위虛僞뒤에다살짝감춰버렸다. 그리고이번꿈자리를예기豫期한다.

침몰沈歿

　죽고싶은마음이칼을찾는다. 칼은날이접혀서펴지지않으니 날을노호怒號하는초조焦燥가절벽絶壁에끊치려든다. 억지로이 것을안에떠밀어놓고또간곡懇曲히참으면어느결에날이어디 를건드렸나보다. 내출혈內出血이뻑뻑해온다. 그러나피부皮膚 에상傷채기를얻을길이없으니악령惡靈나갈문門이없다. 가친자 수自殊로하여체중體重은점점무겁다.

절벽 絶壁

꽃이보이지않는다. 꽃이향香기롭다. 향기香氣가만개滿開한다. 나는거기묘혈墓穴을판다. 묘혈墓穴도보이지않는다. 보이지않는묘혈墓穴속에나는들어앉는다. 나는눕는다. 또꽃이향香기롭다. 꽃은보이지않는다. 향기香氣가만개滿開한다. 나는잊어버리고재再처거기묘혈墓穴을판다. 묘혈墓穴은보이지않는다. 보이지않는묘혈墓穴로나는꽃을깜빡잊어버리고들어간다. 나는정말눕는다. 아아. 꽃이또향香기롭다. 보이지도않는꽃이——보이지도않는꽃이.

백주白晝

　내두루마기깃에달린정조貞操뺏지를내어보였더니들어가도좋다고그린다.　들어가도좋다던여인女人이바로제게좀선명鮮明한정조貞操가있으니어떠냔다. 나더러세상世上에서얼마짜리화폐貨幣노릇을하는세음이냐는뜻이다. 나는일부러다홍헝겊을흔들었더니요조窈窕하다던정조貞操가성을낸다. 그리고는칠면조七面鳥처럼쩔쩔맨다.

문벌門閥

　분총墳塚에계신백골白骨까지가내게혈청血淸의원가상환原價償還을강청强請하고있다. 천하天下에달이밝아서나는오들오들떨면서도처到處에서들킨다. 당신의인감印鑑이이미실효失效된지오랜줄은꿈에도생각하지않으시나요——하고나의것이대꾸를해야겠는데나는이렇게싫은결산決算의함수函數를내몸에지닌내도장圖章처럼쉽사리끌러버릴수가참없다.

위치位置

　중요重要한위치位置에서한성격性格의심술이비극悲劇을연역演繹하고있을즈음범위範圍에는타인他人이없었던가.　한주株――분盆에심은외국어外國語의관목灌木이막돌아서서나가버리려는동기動機요화물貨物의방법方法이와있는의자椅子가주저앉아서귀먹은체할때마침내가구두句讀처럼고사이에끼기어들어섰으니나는내책임責任의맵시를어떻게해보여야하나.　애화哀話가주석註釋됨을따라나는슬퍼할준비準備라도하노라면나는못견뎌모자帽子를쓰고밖으로나가버렸는데웬사람하나가여기남아내분신分身제출提出할것을잊어버리고있다.

매춘買春

   기억記憶을맡아보는기관器官이염천炎天아래생선처럼상傷해들어가기시작始作이다. 조삼모사朝三暮四의싸이폰작용作用. 감정感情의망쇄忙殺.
   나를넘어뜨릴피로疲勞는오는족족피避해야겠지만이런때는대담大膽하게나서서혼자서도넉넉히자웅雌雄보다별別것이어야겠다.
   탈신脫身. 신발을벗어버린발이허천虛天에서실족失足한다.

생애生涯

    내두통頭痛위에신부新婦의장갑이정초定礎되면서내려앉는다. 써늘한무게때문에내두통頭痛이비켜설기력氣力도없다. 나는견디면서여왕봉女王蜂처럼수동적受動的인맵시를꾸며보인다. 나는이왕已往이주춧돌밑에서평생平生이원한怨恨이거니와신부新婦의생애生涯를침식浸蝕하는내음삼陰森한손찌거미를불개아미와함께잊어버리지는않는다. 그래서신부新婦는그날그날까무러치거나웅봉雄蜂처럼죽고죽고한다. 두통頭痛은영원永遠히비켜서는수가없다.

내부內部

   입안에짠맛이돈다. 혈관血管으로임리淋漓한묵흔墨痕이몰려들어왔나보다. 참회懺悔로벗어놓은내구긴피부皮膚는백지白紙로도로오고붓지나간자리에피가아롱져맺혔다. 방대尨大한묵흔墨痕의분류奔流는온갖함음合音이리니분간分揀할길이없고다물은입안에그득찬서언序言이캄캄하다. 생각하는무력無力이이윽고입을빠겨젖히지못하니심판審判받으려야진술陳述할길이없고익애溺愛에잠기면버언져멸형滅形하여버린전고典故만이죄업罪業이되어이생리生理속에영원永遠히기절氣絶하려나보다.

육친內親

　크리스트에혹사酷似한남루襤褸한사나이가있으니이이는그의종생終生과운명殞命까지도내게떠맡기려는사나운마음씨다. 내시시각각時時刻刻에늘어서서한시대時代나눌변訥辯인트집으로나를위협威脅한다.　은애恩愛──나의착실着實한경영經營이늘새파랗게질린다.　나는이육중한크리스트의별신別身을암살暗殺하지않고는내문벌門閥과내음모陰謀를약탈掠奪당할까참걱정이다. 그러나내신선新鮮한도망逃亡이그끈적끈적한청각聽覺을벗어버릴수가없다.

자상自像

　여기는어느나라의데드마스크다. 데드마스크는도적盜賊맞았다는소문도있다. 풀이극북極北에서파과破瓜하지않던이수염은절망絕望을알아차리고생식生殖하지않는다. 천고千古로창천蒼天이허방빠져있는함정陷穽에유언遺言이석비石碑처럼은근히침몰沈沒되어있다. 그러면이곁을생소生疎한손짓발짓의신호信號가지나가면서무사無事히스스로와한다. 점잖던내용內容이이재저래구기기시작이다.

3

역단 易斷

화로火爐

　방房거죽에극한極寒이와닿았다.　극한極寒이방房속을넘본다. 방房안은견딘다.　나는독서讀書의뜻과함께힘이든다.　화로를꽉 쥐고집의집중集中을잡아땡기면유리창窓이움푹해지면서극한 極寒이혹처럼방房을누른다.　참다못하여화로火爐는식고차겁기 때문에나는적당適當스러운방안에서쩔쩔맨다.　어느바다에조 수潮水가미나보다.　잘다져진방房바닥에서어머니가생生기고어 머니는내아픈데에서화로火爐를떼어가지고부엌으로나가신 다.　나는겨우폭동暴動을기억記憶하는데내게서는억지로가지가 돋는다.　두팔을벌리고유리창을가로막으면빨래방망이가내등의 더러운의상衣裳을뚜들긴다.　극한極寒을걸커미는어머니――기적 奇蹟이다.　기침약藥처럼따끈따끈한화로火爐를한아름담아가지고 내체온體溫위에올라서면독서讀書는겁이나서곤두박질을친다.

아침

캄캄한공기空氣를마시면폐肺에해害롭다. 폐벽肺壁에끌음이앉는다. 밤새도록나는몸살을앓는다. 밤은참많기도하더라. 실어내가기도하고실어들여오기도하고하다가잊어버리고새벽이된다. 폐肺에도아침이켜진다. 밤사이에무엇이없어졌나살펴본다. 습관習慣이도로와있다. 다만내치사侈奢한책이여러장찢겼다. 초췌憔悴한결론結論위에아침햇살이자세仔細히적힌다. 영원永遠히그코없는밤은오지않을듯이.

가정家庭

　문門을암만잡아다녀도안열리는것은안에생활生活이모자라는까닭이다. 밤이사나운꾸지람으로나를졸른다. 나는우리집내문패門牌앞에서여간성가신게아니다. 나는밤속에들어서서제웅처럼자꾸만감減해간다. 식구食口야봉封한창호窓戶어데라도한구석터놓아다고내가수입收入되어들어가야하지않나. 지붕에서리가내리고뾰족한데는침鍼처럼월광月光이묻었다. 우리집이앓나보다그러고누가힘에겨운도장을찍나보다. 수명壽命을헐어서전당典當잡히나보다. 나는그냥문門고리에쇠사슬늘어지듯매어달렸다. 문門을열려고안열리는문門을열려고.

역단易斷

    그이는백지白紙위에다연필鉛筆로한사람의운명運命을흐릿하게초草를잡아놓았다. 이렇게홀홀한가. 돈과과거過去를거기다가놓아두고잡답雜踏속으로몸을기입記入하여본다. 그러나거기는타인他人과약속約束된악수握手가있을뿐, 다행多幸히공란空欄을입어보면장광長廣도맞지않고안드린다. 어떤빈터전을찾아가서실컷잠자코있어본다. 배가아파들어온다. 고苦로운발음發音을다삼켜버린까닭이다. 간사奸邪한문서文書를때려주고또멱살을잡고끌고와보면그이도돈도없어지고피곤疲困한과거過去가멀거니앉아있다. 여기다좌석座席을두어서는안된다고그사람은이로위치位置를파헤쳐놓는다. 비켜서는악식惡息에허망虛妄과복수複讐를느낀다. 그이는앉은자리에서그사람이평생平生을살아보는것을보고는살짝달아나버렸다.

행로行路

　기침이난다.　공기空氣속에공기空氣를힘들여배앝아놓는다. 답답하게걸어가는길이내스토오리요기침해서찍는구두句讀 를심심한공기空氣가주물러서삭여버린다.　나는한장章이나걸 어서철로鐵路를건너지를적에그때누가내경로經路를디디는이 가있다. 아픈것이비수匕首에베어지면서철로鐵路와열십자十字 로어울린다. 나는무너지느라고기침을떨어뜨린다. 웃음소리 가요란하게나더니자조自嘲하는표정表情위에독毒한잉크가끼 얹힌다.　기침은사념思念위에그냥주저앉아서떠든다.　기가탁 막힌다.

꽃나무

　벌판한복판에 꽃나무하나가있소. 근처近處에는 꽃나무가 하나도없소 꽃나무는제가생각하는 꽃나무를 열심熱心으로 생각하는 것처럼 열심熱心으로 꽃을피워가지고 섰소 꽃나무는제가생각하는꽃나무에게갈수없소 나는 막달아났소 한꽃나무를위爲하여 그러는것처럼 나는참그런이상스러운 흉내를내었소.

이런 시詩

　역사를하노라고 땅을파다가 커다란돌을하나 끄집어내어놓고보니 도무지어디서인가 본듯한생각이들게 모양이생겼는데 목도들이 그것을메고나가더니 어디다갖다버리고온모양이길래 쫓아나가보니 위험危險하기짝이없는 큰길가더라.
　그날밤에 한소나기하였으니필시必是그돌이깨끗이씻겼을터인데 그이튿날가보니까 변괴變怪로다 간데온데없더라. 어떤돌이와서 그돌을업어갔을까 나는참이런처悽량한생각에서아래와같은작문作文을지었도다.
　"내가 그다지 사랑하던 그대여 내한평생平生에 차마 그대를 잊을수없소이다. 내차례에 못 올사랑인줄은 알면서도 나혼자는 꾸준히생각하리라. 자그러면 내내어여쁘소서"
　어떤돌이 내얼굴을 물끄러미 치어다보는것만같아서 이런시詩는그만찢어버리고싶더라.

거울

거울속에는소리가없소
저렇게까지조용한세상은참없을것이오.

거울속에도 내게 귀가있소
내말을못알아듣는딱한귀가두개나있소

거울속의나는왼손잡이오
내악수를받을줄모르는―악수를모르는왼손잡이오

거울때문에나는거울속의나를만져보지를못하는구료마는
 거울아니었든들내가어찌거울속의나를만나보기만이라도 했겠소

 나는지금거울을안가졌소마는거울속에는늘거울속의내가 있소
 잘은모르지만 외로된사업에골몰할께요

 거울속의나는참나와는반대요마는
 또꽤닮았소
 나는거울속의나를근심하고진찰할수없으니퍽섭섭하오

지비紙碑

　내키는커서다리는길고왼다리아프고안해키는작아서다리는짧고바른다리가아프니내바른다리와안해왼다리와성한다리끼리한사람처럼걸어가면아아이부부夫婦는부축할수없는절름발이가되어버린다무사無事한세상世上이병원病院이고꼭치료治療를기다리는무병無病이끝끝내있다

명경明鏡

여기 한 페―지 거울이 있으니
잊은 계절에서는
얹은머리가 폭포처럼 내리우고

울어도 젖지 않고
맞대고 웃어도 휘지 않고
장미薔薇처럼 착착 접힌
귀
들여다보아도 들여다보아도
조용한 세상이 맑기만 하고
코로는 피로疲勞한 향기가 오지 않는다.

만적 만적하는대로 수심愁心이 평행平行하는
부러 그러는 것 같은 거절拒絶
우右편으로 옮겨앉은 심장心臟일망정 고동이
없으란 법 없으니

설마 그러랴? 어디 촉진觸診…… 하고 손이 갈 때 지문指紋이 지문指紋을 가로막으며
선뜩하는 차단遮斷뿐이다.

오월이면 하루 한 번이고
열 번이고 외출하고 싶어 하더니
나갔던 길에 안 돌아오는 수도 있는 법

거울이 책장 같으면 한 장 넘겨서
맞섰던 계절을 만나련만
여기 있는 한 페―지
거울은 페―지의 그냥 표지表紙 ──

무제無題

내 마음의 크기는 한 개 권연卷煙 기러기만 하다고 그렇게 보고,
처심處心은 숫제 성냥을 그어 권연卷煙을 붙여서는
숫제 내게 자살自殺을 권유勸誘하는도다.
내 마음은 과연果然 바지작 바지작 타들어 가고 타는 대로 작아가고
한 개 권연卷煙 불이 손가락에 옮겨 붙으렬 적에
과연果然 나는 내 마음의 공동空洞에 마지막 재가 떨어지는 부드러운 음향音響을 들었더니라.

처심處心은 재떨이를 버리듯이 대문大門 밖으로 나를 쫓고,
완전完全한 공허空虛를 시험試驗하듯이 한마디 노크를 내 옷깃에 남기고
그리고 조인調印이 끝난 듯이 빗장을 미끄러뜨리는 소리
여러 번 굽은 골목이 담장이 좌우左右 못 보는 내 아픈 마음에 부딪혀
달은 밝은데
그때부터 가까운 길을 일부러 멀리 걷는 버릇을 배웠더니라.

청령蜻蛉

건드리면손끝에묻을듯이빨간봉선화
너울너울하마날아오를듯하얀봉선화
그리고어느틈엔가남南으로고개를돌리는듯한일편단심一片丹心의해바라기——
이런꽃으로꾸며졌다는고호의무덤은참얼마나미美로우리까.

산山은맑은날바라보아도
늦은봄비에젖은듯보얗습니다.

포푸라는마을의지표指標와도같이
실바람에그뽑은듯헌출한키를
포물선抛物線으로굽혀가면서진공眞空과같이마알간대기大氣속에서
원경遠景을축소縮少하고있습니다.

몸과나래도가벼운듯이잠자리가활동活動입니다
헌데그것은과연果然날고있는걸까요
흡사恰似진공眞空속에서라도날을법한데,
혹或누가눈에보이지않는줄을이리저리당기는것이아니겠나요.

4

삼차각설계도 三次角設計圖

수염
— 수鬚·자髭·그밖에수염일수있는것들·모두를이름

1

눈이존재存在하여있지아니하면아니될처소處所는삼림森林인웃음이존재存在하여있었다

2

홍당무

3

아메리카의유령幽靈은수족관이지만대단大端히유려流麗하다
그것은음울陰鬱하기도한것이다

4

계류溪流에서——
건조乾燥한식물성植物性이다
가을

5

일소대一小隊의군인軍人이동서東西의방향方向으로전진前進하였다고하는 것은

무의미無意味한일이아니면아니된다
운동장運動場이파열破裂하고균열龜裂할따름이니까

    6

삼심원三心圓

    7

조[粟]를그득넣은밀가루포대布袋
간단簡單한수유須臾의월야月夜이었다

    8

언제나도둑질할것만을계획計劃하고있었다
그렇지는아니하였다고한다면적어도구걸求乞이기는하였다

    9

소疎한것은밀密한것의상대相對이며또한
평범平凡한것은비범非凡한것의상대相對이었다
나의신경神經은창녀娼女보다도더욱정숙貞淑한처녀處女를원願
하고있었다

10

말[馬]——
땀[汗]——

여余, 사무事務로써산보散步라하여도무방無妨하도다
여余, 하늘의푸르름에지쳤노라이같이폐쇄주의閉鎖主義로다

이상異常한 가역반응可逆反應

임의任意의반경半徑의원圓(과거분사過去分詞의시세時勢)

원내圓內의일점一點과원외圓外의일점一點을결부結付한직선直線

이종류二種類의존재存在의시간적영향성時間的影響性
(우리들은이것에관하여무관심하다

직선直線은원圓을살해殺害하였는가

현미경顯微鏡
그밑에있어서는인공人工도자연自然과다름없이현상現象되었다.

　　　　×

같은날의오후午後
　물론勿論태양太陽이존재存在하여있지아니하면아니될처소處所에존재存在하여있었을뿐만아니라그렇게하지아니하면아니될보조步調를미화美化하는일까지도하지아니하고있었다.

발달發達하지도아니하고발전發展하지도아니하고
이것은분노憤怒이다.

철책鐵柵밖의백대리석건축물白大理石建築物이웅장雄壯하게서있던
진진眞眞5″의각角바아의나열羅列에서
육체肉體에대對한처분법處分法을센티멘탈리즘하였다.

목적目的이있지아니하였더니만큼냉정冷靜하였다.

태양太陽이땀에젖은잔등을내려쬐였을때
그림자는잔등전방前方에있었다.

사람은말하였다.
"저변비증환자便秘症患者는부자富者집으로식염食鹽을얻으러들어가고자희망希望하고있는것이다"라고
…………

파편破片의 경치景致

나는하는수없이울었다

전등電燈이담배를피웠다
▽은1/W이다

     ×

▽이여! 나는괴롭다

나는유희遊戱한다
▽의슬립퍼어는과자菓子와같지아니하다
어떻게나는울어야할것인가

     ×

쓸쓸한들판을생각하고
쓸쓸한눈내리는날을생각하고
나의피부皮膚를생각지아니한다

기억記憶에대對하여나는강체剛體이다

정말로
"같이노래부르세요"
하면서나의무릎을때렸을터인일에대對하여
▽는나의꿈이다

스틱크! 자네는쓸쓸하며유명有名하다

어찌할것인가

마침내▽을매장埋葬한설경雪景이었다

▽의 유희遊戱
― △은 나의 AMOUREUSE이다

종이로만든배암을종이로만든배암이라고하면
▽은배암이다.

▽은춤을추었다.

▽의웃음을웃는것은파격이어서우스웠다.

슬립퍼어가땅에서떨어지지아니하는것은너무소름끼치는일이다.
  ▽의눈은동안冬眼이다.
  ▽은전등을삼등태양三等太陽인줄안다.

    ×

▽은어디로갔느냐

여기는굴뚝꼭대기냐

나의호흡은평상적이다.
그러한탕그스텐은무엇이냐

(그무엇도아니다)

굴곡屈曲한직선直線
그것은백금과반사계수反射係數가상호동등相互同等한다.

▽은 테에불밑에숨었느냐

×

1

2

3

3은 공배수公倍數의 정벌征伐로 향하였다.
전보電報는 아직 오지 아니하였다

공복空腹

바른손에과자봉지菓子封紙가없다고해서
　왼손에쥐어져있는과자봉지를찾으려지금只今막온길을오리五里나되돌아갔다

　이손은화석化石하였다

　이손은이제는이미아무것도소유所有하고싶지도않다소유所有된물건의소유所有된것을느끼기조차하지아니한다

　지금只今떨어지고있는것이눈[雪]이라고한다면지금只今떨어진내눈물은눈[雪]이어야할것이다

　나의내면內面과외면外面과
　이건件의계통系統인모든중간中間들은지독히춥다

　좌左　우右
　이양측兩側의손들이상대방相對方의의리義理를저바리고두번다시악수握手하는일은없이
　곤란困難한노동만이가로놓여있는이정돈整頓하여가지아니하면아니될길에있어서독립獨立을고집固執하는것이기는하나

추우리로다
추우리로다

누구는나를가리켜고독孤獨하다고하느냐
이군웅할거群雄割據를보라
이전쟁戰爭을보라

나는그들의알력軋轢의발열發熱의한복판에서혼수昏睡한다
심심한세월歲月이흐르고나는눈을떠본즉
시체屍體도증발蒸發한다음의고요한월야月夜를나는상상想像한다

천진天眞한촌락村落의축견畜犬들아짖지말게나
내험온驗溫은적당適當스럽거니와
내희망希望은감미甘美로웁다

삼차각설계도 三次角設計圖
― 선線에 관關한 각서覺書 1

```
      1   2   3   4   5   6   7   8   9   0

1     ●   ●   ●   ●   ●   ●   ●   ●   ●   ●

2     ●   ●   ●   ●   ●   ●   ●   ●   ●   ●

3     ●   ●   ●   ●   ●   ●   ●   ●   ●   ●

4     ●   ●   ●   ●   ●   ●   ●   ●   ●   ●

5     ●   ●   ●   ●   ●   ●   ●   ●   ●   ●

6     ●   ●   ●   ●   ●   ●   ●   ●   ●   ●

7     ●   ●   ●   ●   ●   ●   ●   ●   ●   ●

8     ●   ●   ●   ●   ●   ●   ●   ●   ●   ●

9     ●   ●   ●   ●   ●   ●   ●   ●   ●   ●

0     ●   ●   ●   ●   ●   ●   ●   ●   ●   ●
```

우주는멱羃에의하는멱羃에의한다
사람들은숫자數字를버리라
고요하게나를전자電子의양자陽子로하라
스펙톨

축軸X 축軸Y 축軸Z

 속도速度etc의통제統制예例컨대광선光線은매초당每秒當 300,000킬로미터달아나는것이확실確實하다면사람의발명發明은매초당每秒當600,000킬로미터달아날수없다는법法은물론없다.　그것을기십배幾十倍기백배幾百倍기천배幾千倍기만배幾萬倍기억배幾億倍기조배幾兆倍하면사람은수십년數十年수백년數百年수천년數千年수억년數億年수조년數兆年의태고太古의사실事實이보여질것이아닌가,　그것을또끊임없이'붕괴崩壞'하는것이라고하는가,　원자原子는원자原子이고원자原子이고원자原子이다,　생리작용生理作用은변이變移하는것인가,　원자原子는원자原子가아니고원자原子가아니다,　방사放射는붕괴崩壞인가, 사람은영겁永劫인영겁永劫을살릴수있는것은생명生命은생生도아니고명命도아니고광선光線인것이라는것이다.

취각臭覺의미각味覺과미각味覺의취각臭覺

(입체立體에의절망絶望에의依한탄생誕生)
(운동運動에의절망絶望에의依한탄생誕生)
(지구地球는빈집일경우境遇봉건시대封建時代는눈물이날이
만큼그리워진다)

삼차각설계도三次角設計圖
― 선線에 관關한 각서覺書 2

1+3
3+1
3+1　1+3
1+3　3+1
1+3　1+3
3+1　3+1
3+1
1+3

선상線上의 점點 A
선상線上의 점點 B
선상線上의 점點 C

A+B+C=A
A+B+C=B
A+B+C=C

이선二線의 교점交點 A
삼선三線의 교점交點 B
수선數線의 교점交點 C

3+1
　　　1+3
　　　1+3　　3+1
　　　3+1　　1+3
　　　3+1　　3+1
　　　1+3　　1+3
　　　1+3
　　　3+1

　(태양광선은, 凸렌즈때문에수감收斂광선이되어일점一點에 있어서혁혁赫赫히 빛나고 혁혁赫赫히 불탔다. 태초의요행僥倖은무엇보다도대기大氣의 층層과층이이루는층으로하여금凸렌즈되게하지아니하였던것에있다는것을생각하니낙樂이된다. 기하학은凸렌즈와같은불장난은아닐는지, 유우크리트는 死亡해버린오늘유우크리트의초점焦點은도처에인문人文의뇌수腦髓를마른풀과같이소각燒却하는수감작용收斂作用을나열羅列하는것에의하여최대의수감작용을재촉하는위험을 재촉한다. 사람은절망하라, 사람은탄생하라. 사람은절망하라.)

삼차각설계도三次角設計圖
— 선線에 관關한 각서覺書 7

공기구조의속도――음파音波에의한――속도처럼삼백삼십三白三十미터를모방模倣한다(광선에비할때참너무도열등하구나)

광선光線을즐기거라, 광선을슬퍼하거라, 광선을웃거라, 광선을울거라,

광선이사람이라면사람은거울이다.

광선을가지라.

――――

시각視覺의이름을가지는것은계량計量의효시嚆矢이다. 시각의이름을발표하라.

□ 나의이름.

△ 나의아내의이름(이미오래된과거에있어서나의 AMOUREUSE는이와같이도 총명하리라)

시각의이름의통로는설치하라. 그리고그것에다최대의속도를부여하라.

―

하늘은시각의이름에대하여서만존재를명백히한다.(대표代表인나는대표인일례一例를 들것)

창공蒼空, 추천秋天, 창천蒼天, 청천靑天, 장천長天, 일천一天, 창궁蒼穹(대단히 갑갑한 지방색地方色이 아닐른지) 하늘은시각視覺의이름을 발표했다.

시각의이름은사람과같이영원히살아야하는숫자적인어떤일점一點이다.
시각의이름은운동하지아니하면서운동의코오스를가질뿐이다.

───

　시각의이름은광선을가지는광선을아니가진다. 사람은시각의이름으로하여광선보다도빠르게달아날필요는없다.

　시각의이름들을건망健忘하라.

　시각의이름을절약하라.

　사람은광선보다도빠르게달아나는속도를조절하고때때로과거를미래에있어서도태淘汰하라.

5

각혈의 아침

운동運動

  일층一層우에있는이층二層우에있는삼층三層우에있는옥상정원屋上庭園에올라서남南쪽을보아도아무것도없고북北쪽을보아도아무것도없고해서옥상정원屋上庭園밑에있는삼층三層밑에있는이층二層밑에있는일층一層으로내려간즉동東쪽에서솟아오른태양太陽이서西쪽에떨어지고동東쪽에서솟아올라서西쪽에떨어지고동東쪽에서솟아올라서西쪽에떨어지고동東쪽에서솟아올라하늘한복판에와있기때문에시계時計를꺼내본즉서기는했으나시간時間은맞는것이지만시계時計는나보담도젊지않으냐하는것보담은나는시계時計보다는늙지아니하였다고아무리해도믿어지는것은필시그럴것임에틀림없는고로나는시계時計를내동댕이쳐버리고말았다.

얼굴

배고픈얼굴을본다.

반드르르한머리카락밑에어째서배고픈얼굴은있느냐.

저사내는어데서왔느냐.
저사내는어데서왔느냐.

저사내어머니의얼굴은박색薄色임에틀림없겠지만저사내아버지의얼굴은잘생겼을것임에틀림없다고함은저사내아버지는워낙은부자富者였던것인데저사내어머니를취聚한후後로는급작히가난든것임에틀림없다고생각되기때문이거니와참으로아해兒孩라고하는것은아버지보담도어머니를더닮는다는것은그무슨얼굴을말하는것이아니라성행性行을말하는것이지만저사내얼굴을보면저사내는나면서이후以後대체大體웃어본적이있었느냐고생각되리만큼험상궂은얼굴이라는점으로보아저사내는나면서이후以後한번도웃어본적이없었을뿐만아니라울어본적도없었으리라믿어지므로더욱더험상궂은얼굴임은즉卽저사내어머니의얼굴만을보고자라났기때문에그럴것이라고생각되지만저사내아버지는웃기도하고하였을것임에는틀림없을것이지만대체大體로아해兒孩라고하는것은

곧잘무엇이나숭내내는성질性質이있음에도불구하고저사내가조금도웃을줄을모르는것같은얼굴만을하고있는것으로본다면저사내아버지는해외海外를방랑放浪하여저사내가제법사람구실을하는저사내로장성한후後로도아직돌아오지아니하던것임에틀림이없다고생각되기때문에또그렇다면저사내어머니는대체大體어떻게그날그날을먹고살아왔느냐하는것이문제問題가될것은물론勿論이지만어쨌든간에저사내어머니는배고팠을것임에틀림없으므로배고픈얼굴을하였을것임에틀림없는데귀여운외톨자식인지라저사내만은무슨일이있든간에배고프지않도록하여서길러낸것임에틀림없을것이지만아무튼아해兒孩라고하는것은어머니를가장의지依支하는것인즉어머니의얼굴만을보고저것이정말로마땅스런얼굴이구나하고믿어버리고선어머니의얼굴만을열심熱心으로숭내낸것임에틀림없는것이어서그것이지금只今은입에다금金니를박은신분身分과시절時節이되었으면서도이젠어쩔수도없으리만큼굳어버리고만것이나아닐까고생각되는것은무리無理도없는일인데그것은그렇다하더라도반드르르한머리카락밑에어째서저험상궂은배고픈얼굴은있느냐.

각혈咯血의 아침

　사과는 깨끗하고 또 춥고 해서 사과를 먹으면 시려워진다.
어째서 그렇게 냉랭한지 책상冊床 위에서 하루 종일終日
색깔을 변變치 아니한다. 차차로――둘이 다 시들어간다.

　먼 사람이 그대로 커다랗다 아니 가까운 사람이 그대로
자그마하다 아니 어느 쪽도 아니다 나는 그 어느 누구와도
알지 못하니 말이다 아니 그들의 어느 하나도 나를 알지 못
하니 말이다 아니 그 어느 쪽도 아니다(레일을 타면 전차電
車는 어디라도 갈 수 있다)

　담배 연기의 한 무더기 그 실내室內에서 나는 긋지 아니한
성냥을 몇 개비고 부러뜨렸다. 그 실내室內의 연기煙氣의 한
무더기 점화點火되어 나만 남기고 잘도 타나 보다 잉크는 축
축하다 연필鉛筆로 아무렇게나 시커먼 면面을 그리면 연분鉛
粉은 종이 위에 흩어진다

　리코오드 고랑을 사람이 달린다 거꾸로 달리는 불행不幸
한 사람은 나 같기도 하다 멀어지는 음악音樂 소리를 바쁘게
듣고 있나 보다

발을 덮는 여자女子 구두가 가래를 밟는다 땅에서 빈곤貧困이 묻어온다 받아서서 통념通念해야 할 암호暗號 쓸쓸한 초롱불과 우체통郵遞筒 사람들이 수명壽命을 거느리고 멀어져 가는 것이 보인다 그리고 나의 뱃속엔 통신通信이 잠겨 있다.
　새장 속에서 지저귀는 새 나는 콧속 털을 잡아 뽑는다
　밤 소란한 정적靜寂 속에서 미래未來에 실린 기억記憶이 종이처럼 뒤엎어진다
　벌써 나는 내 몸을 볼 수 없다 푸른 하늘이 새장 속에 있는 것같이
　멀리서 가위가 손가락을 연신 연방 잘라 간다
　검고 가느다란 무게가 내 눈구멍에 넘쳐 왔는데 나는 그림자와 서로 껴안는 나의 몸뚱이를 똑똑히 볼 수 있었다
　알맹이까지 빨간 사과가 먹고 싶다는 둥
　피가 물들기 때문에 여윈다는 말을 듣곤 먹지 않았던 일이며
　나를 놀라게 한 것은 그 종자種子는 이제 심어도 나지 않는다고 단정케 하는 사과 겉껍질의 빨간색 그것이다
　공기空氣마저 얼어서 나를 못 통通하게 한다 뜰을 주형鑄型처럼 한 장 한 장 떠낼 수 있을 것 같다
　나의 호흡呼吸에 탄환彈丸을 쏘아 넣는 놈이 있다

병석病席에 나는 조심조심 조용히 누워 있노라니까 뜰에
바람이 불어서 무엇인가 떼굴떼굴 굴려지고 있는 그런 낌새
가 보였다
 별이 흔들린다 나의 기억記憶의 순서가 흔들리듯
 어릴 적 사진寫眞에서 스스로 병病을 진단한다

 가브리엘 천사균天使菌내가 가장 불세출不世出의 그리스도
라 치고
 이 살균제殺菌劑는 마침내 폐결핵肺結核의 혈담血痰이었다
고(?)

 폐肺 속 뺑키칠한 십자가十字架가 날이날마다 발돋움을 한다
 폐肺 속엔 요리사料理師 천사天使가 있어서 때때로 소변을
본단 말이다
 나에 대해 달력의 숫자는 차츰차츰 줄어든다

 네온사인은 색소폰같이 야위었다
 그리고 나의 정맥靜脈은 휘파람같이 야위었다

하얀 천사天使가 나의 폐肺에 가벼이 노크한다
황혼黃昏 같은 폐肺 속에서는 고요히 물이 끓고 있다

고무전선電線을 끌어다가 성聖 베드로가 도청盜聽을 한다
그리곤 세 번이나 천사天使를 보고 나는 모른다고 한다
그때 닭이 홰를 친다——어엇 끓는 물을 엎지르면 야단 야단——

봄이 와서 따스한 건 지구地球의 아궁이에 불을 지폈기 때문이다
모두가 끓어오른다 아지랑이처럼
나만이 사금파리 모양 남는다
나무들조차 끓어서 푸른 거품을 자꾸 뿜어내고 있는데도

회한悔恨의 장章

가장 무력無力한 사내가 되기 위해 나는 얼금뱅이었다
세상에 한 여성女性조차 나를 돌아보지는 않는다
나의 나태懶怠는 안심安心이다

양팔을 자르고 나의 직무職務를 회피한다
이제는 나에게 일을 하라는 자는 없다
내가 무서워하는 지배支配는 어디서도 찾아볼 수 없다

역사歷史는 무거운 짐이다
세상에 대한 사표辭表 쓰기란 더욱 무거운 짐이다
나는 나의 문자들을 가둬 버렸다
도서관圖書館에서 온 소환장召喚狀을 이제 난 읽지 못한다

나는 이젠 세상에 맞지 않는 옷이다
봉분封墳보다도 나의 의무는 적다
나에겐 그 무엇을 이해理解해야 하는 고통苦痛은 완전히 사라져 버렸다

나는 아무 때문도 보지는 않는다
그렇기 때문에 나는 아무 것에게도 또한 보이지 않을 게다
처음으로 나는 완전히 비겁卑怯해지기에 성공한 셈이다

가구街衢의 추위

――천구백삼십삼一九三三, 이월二月십칠일十七日의 실내室內의 건件

네온사인은섹소폰과같이수척瘦瘠하여있다.

파란정맥靜脈을절단切斷하니새빨간동맥動脈이었다.
――그것은파란동맥動脈이었기때문이다――
――아니!새빨간동맥動脈이라도저렇게피부皮膚에매몰埋沒되어있으면……
보라!네온사인인들저렇게가만――히있는것같아보여도기실其實은부단不斷히네온가스가흐르고있는게란다.
――폐병肺病쟁이가섹소폰을불었더니위험危險한혈액血液이검온계檢溫計와 같이
――기실其實은부단不斷히수명壽命이흐르고있는게란다

내과內科

　　——자가용복음自家用福音
　　——혹或은 엘리엘리 라마싸박다니

　하이얀천사天使　이수염鬚髯난천사天使는큐핏드의조부祖父님이다
　수염鬚髯이전연全然?나지아니하는천사天使하고흔히 결혼結婚하기도한다.
　나의늑골肋骨은2떠—즈(ㄴ).　그하나하나에노크하여본다. 그속에서는해면海綿에젖은더운물이끓고있다.　하이얀천사天使의펜네임은성聖피—타—라고. 고무의 전선電線 똑똑똑똑 버글버글 열쇠구멍으로도청盜聽.
　(발신發信) 유다야사람의임금님 주무시나요?
　(반신返信) 찌—따찌—따따찌—찌—(1) 찌—따찌—따따
　　　　　찌—찌(2) 찌—따찌—따따찌—찌—(3)

　흰 뻥끼로칠한십자가十字架에서내가점점漸漸키가커진다. 성聖피—타—군君이나에게세번식式이나아알지못한다고그린다. 순간瞬間닭이활개를친다……
　어억 크 더운물을 엎질러서야 큰일날노릇——

육친肉親의 장章

나는24세歲. 어머니는바로이낫새에나를낳은것이다. 성聖쎄바스티앙과같이아름다운동생·로오자룩솀불크의목상木像을닮은막내누이·어머니는우리들삼인三人에게잉태孕胎분만分娩의고락苦樂을말해주었다. 나는삼인三人을대표代表하여——드디어——

어머니 우린 좀더형제가있었음싶었답니다

——드디어어머니는동생버금으로잉태孕胎하자육개월六個月로서유산流産한전말顚末을고告했다.

그녀석은 사내댔는데 올해는19(어머니의한숨)

삼인三人은서로들아알지못하는형제兄弟의환영幻影을그려보았다. 이만큼이나컸지——하고형용形容하는어머니의팔목과주먹은수척瘦瘠하여있다. 두번씩이나객혈喀血을한내가냉정冷情을극極하고있는가족家族을위爲하야빨리안해를맞아야겠다고초조焦燥하는마음이었다. 나는24세歲 나도어머니가나를낳으시드키무엇인가를낳아야겠다고생각하는것이었다.

아침

안해는낙타駱駝를닮아서편지를삼킨채로죽어가나보다. 벌써나는그것을읽어버리고있다. 안해는그것을아알지못하는것인가. 오전午前열시十時전등電燈을끄려고한다. 안해가만류挽留한다. 꿈이부상浮上되어있는것이다. 석달동안안해는회답回答을쓰고자하여상금尙今써놓지는못하고있다. 한장얇은접시를닮아안해의표정表情은창백蒼白하게수척瘦瘠하여있다. 나는외출外出하지아니하면아니된다. 나에게부탁付託하면된다. 네애인愛人을불러줌세아드레스도알고있는데

| 이 상 | 연 보 |

1910(1세) 9월 23일(음력 8월 20일) 서울 북부 순화방 반정동 4통 6호에서 아버지 김연창金演昌과 어머니 박세창朴世昌 사이의 장남으로 태어남. 본명은 해경海卿. 본관은 강릉.

1912(3세) 백부인 김연필金演弼의 집에 양자로 감. 이곳에서 24세까지 생활.

1917(8세) 4월 신명학교에 입학. 이때부터 그림에 재질을 보임.

1921(12세) 신명학교를 졸업하고 4월, 조선불교중앙교무원 경영의 동광학교에 입학.

1922(13세) 동광학교가 보성고등보통학교에 병합되면서 보성고보 4학년에 편입. 이헌구, 임화, 원용석 등과 동기가 됨.

1924(15세) 교내 미술전람회에 유화「풍경」입상.

1926(17세) 3월 5일, 보성고보 5학년 졸업. 그해 4월 동숭동에 있는 경성고등공학교 건축과 제1학년에 입학.
경성고공 회람지 ≪난파선≫의 편집을 주도. 삽화와 시를 발표.

1929(20세) 3월 경성고공 졸업. 4월 조선총독부 내무국 건축과 기수로 근무하다가 11월, 관방官房 회계과 영선계로 옮김.

1930(21세) 첫 장편소설 「12월 12일」을 ≪조선≫에 연재.
≪조선과 건축≫ 표지도안 현상 모집에 1등과 3등으로 당선.

1931(22세) 일본어 시 「이상한 가역반응」「조감도」(연작) 등을 ≪조선과 건축≫에 발표.
조선미술전람회에 「자상」 입선.

1932(23세) 소설 「지도의 암실」「휴업과 사정」을 ≪조선≫에 발표.
≪조선과 건축≫ 7월호에 이상李箱이란 필명으로 일본어 연작시 「건축무한 육면각 체」(연작)를 발표.
백부 김연필 뇌일혈로 사망.

1933(24세) 3월 총독부 기수직을 사임.
심한 각혈로 요양차간 배천 온천에서 기생 금홍과 알게 됨.
7월, 서울 종로 1가에 다방 <제비>를 개업.
동거생활 시작.
7월부터 ≪가톨릭청년≫ 지에 「꽃나무」「이런 시」 등 한글로 쓴 시를 발표.

1934(25세) 구인회에 가입. 박태원, 이태준, 정지용, 김기림 등과 친교가 이뤄짐.
「오감도」를 <조선중앙일보>에 연재하던 중 독자들의 항의로 15회로 중단됨.

박태원의 소설 「소설가 구보 씨의 일일」에 하융 河戎이라는 화명畵名으로 삽화를 그림.

1935(26세) 금홍과 3년의 동거생활을 접고 결별.
<제비>를 폐업하고 연이어 카페 <쓰루[鶴]> <69> <무기[麥]> 등의 사업 실패로 경제적 어려움이 가중됨.
인천 성천 등지를 기행함.
김소운이 발행하던 아동잡지 ≪신아동≫에 「배의 역사」를 싣고, ≪목마≫에 표지삽화를 그리고, 송경과 함께 세계동화 7편을 번역함.

1936(27세) 창문사에 근무하며 3월 구인회 동인지 ≪시와 소설≫ 제1집 간행하고 김기림의 시집 『기상도』의 장정을 맡아서 간행함.
9월 소설 「날개」를 발표하며 문단의 총아로 떠오름. 이때 시 「지비」 「역단」 「가외가전」 「명경」 「위독」(연작) 「I WED A TOY BRIDE」 외 소설, 수필 등으로 다양한 작품 활동을 함.
변동림과 결혼.
10월 중순경에 일본행, 동경에서 34문학 동인들과 교유.

1937(28세) 2월 중순 일본 경찰에게 '불령선인不逞鮮人'으로 체포되어 니시간 다서[西神田署]에 수감, 3월 중순 건강 악화로 보석.

4월 17일 동경제대부속병원에서 생을 마감함.
향년 만 26년 7개월.
이상이 죽기 전날 그의 조모와 친부 별세.
길진섭이 이상의 데스마스크를 만든 것으로 알려져 있음.
시신은 화장되어 아내 변동림이 그 유해를 가지고 5월 4일 귀국.
5월 15일, 그해 3월 29일 사망한 김유정과 함께 부민관 소집회실에서 합동추도식이 열림.
6월 10일 미아리 공동묘지에 유해가 안장됨.

1949년 김기림에 의해 『이상전집』(백양당) 간행

1956년 임종국 편 『이상전집』(태성사) 전 3권 간행.

1957년 『이상전집』(고대출판부) 전 3권 간행.

1977년 문학사상사에서 이상문학상 제정. 이어령 교주校註 『이상시전작시집』(갑인출판사) 간행.

1981년 오규원 편 『이상시전집』(문장사) 간행.

1982년 김승희 편 『제13의 아해도 위독하오-이상시전집』(문학세계사) 간행.

1989년 이승훈 편 『이상시전집』(문학사상사) 간행.

1991년 김윤식 편 『이상문학전집(소설)』(문학사상사) 간행.

2004년 김종년 편 『이상전집』 전 2권 간행.

2005년 김주현 주해 『정본 이상문학전집』(소명출판사) 간행.

2009년 김주현 주해 『증보 정본 이상문학전집』(소명출판사) 간행.

〚한국대표명시선100〛을 펴내며

　한국 현대시 100년의 금자탑은 장엄하다. 오랜 역사와 더불어 꽃피워온 얼·말·글의 새벽을 열었고 외세의 침략으로 역경과 수난 속에서도 모국어의 활화산은 더욱 불길을 뿜어 세계문학 속에 한국시의 참모습을 드러내게 되었다.
　이 나라는 글의 나라였고 이 겨레는 시의 겨레였다. 글로 사직을 지키고 시로 살림하며 노래로 산과 물을 감싸왔다. 오늘 높아져 가는 겨레의 위상과 자존의 바탕에도 모국어의 위대한 용암이 들끓고 있음이다.
　이제 우리는 이 땅의 시인들이 척박한 시대를 피땀으로 경작해온 풍성한 시의 수확을 먼 미래의 자손들에게까지 누리고 살 양식으로 공급하는 곳간을 여는 일에 나서야 할 때임을 깨닫고 서두르는 것이다.
　일찍이 만해는 「님의 침묵」으로 빼앗긴 나라를 되찾고 잃어가는 민족정신을 일으켜 세우는 밑거름으로 삼았으며 그 기룸의 뜻은 높은 뫼로 솟아오르고 너른 바다로 뻗어 나가고 있다.
　만해가 시를 최초로 활자화한 것은 옥중시 「무궁화를 심고자」(≪개벽≫ 27호 1922.9)였다. 만해사상실천선양회는 그 아흔 돌을 맞아 만해의 시정신을 기리는 일의 하나로 '한국대표명시선100'을 펴내게 된 것이다.
　이로써 시인들은 더욱 붓을 가다듬어 후세에 길이 남을 명편들을 낳는 일에 나서게 될 것이고, 이 겨레는 이 크나큰 모국어의 축복을 길이 가슴에 새겨나갈 것이다.

만해사상실천선양회

한국대표명시선100 | 이 상
오감도烏瞰圖

1판1쇄 발행 2013년 7월 22일
1판3쇄 발행 2021년 4월 30일

지 은 이 이 상
뽑 은 이 만해사상실천선양회
펴 낸 이 이 창 섭
펴 낸 곳 시인생각
등 록 번 호 제2012-000007호(2012.7.6)
주   소 경기도 양평군 옥천면 고읍로 164
            ㉾476-832
전   화 (031)955-4961
팩   스 (031)955-4960
이 메 일 lkb4000@hanmail.net

값 6,000원

ISBN 978-89-98047-69-6 03810

* 잘못된 책은 책을 구입하신 서점에서 교환하여 드립니다.

※ 이 책은 만해사상실천선양회의 지원으로 간행되었습니다.